Sprache und Lesen 1/2

Schreiblehrgang

Vereinfachte Ausgangsschrift

von

Martina Schramm

Illustriert von

Thomas Wellendorf

Cornelsen

Sprache und Lesen 1/2

Schreiblehrgang

Vereinfachte Ausgangsschrift

Erarbeitet von Martina Schramm

Redaktion Martina Schramm

Illustration Thomas Wellendorf

Umschlaggestaltung Katharina Wolff-Steininger und Rosendahl Berlin

Layoutkonzept Rosendahl Berlin

Gestaltung und technische Umsetzung Cornelia Gründer

Inhalt

Hinweis: Auf den sogenannten „Luftsprung" bei der Vereinfachten Ausgangsschrift – ein Absetzen innerhalb des Wortes, um Drehrichtungswechsel zu vermeiden – wird an entsprechenden Stellen mit einem kleinen farbigen Punkt hingewiesen.

www.cornelsen.de

1. Auflage, 5. Druck 2024

© 2011 Cornelsen Verlag, Berlin
© 2019 Cornelsen Verlag GmbH, Mecklenburgische Str. 53, 14197 Berlin

Das Werk und seine Teile sind urheberrechtlich geschützt.
Jede Nutzung in anderen als den gesetzlich zugelassenen Fällen bedarf der vorherigen schriftlichen Einwilligung des Verlages. Hinweis zu §§ 60 a, 60 b UrhG: Weder das Werk noch seine Teile dürfen ohne eine solche Einwilligung an Schulen oder in Unterrichts- und Lehrmedien (§ 60 b Abs. 3 UrhG) vervielfältigt, insbesondere kopiert oder eingescannt, verbreitet oder in ein Netzwerk eingestellt oder sonst öffentlich zugänglich gemacht oder wiedergegeben werden. Dies gilt auch für Intranets von Schulen und anderen Bildungseinrichtungen.Der Anbieter behält sich eine Nutzung der Inhalte für Text- und Data-Mining im Sinne § 44 b UrhG ausdrücklich vor.

Druck: Athesiadruck GmbH, Bozen

ISBN 978-3-06-082809-8

PEFC-zertifiziert
Dieses Produkt stammt aus nachhaltig bewirtschafteten Wäldern und kontrollierten Quellen
www.pefc.de

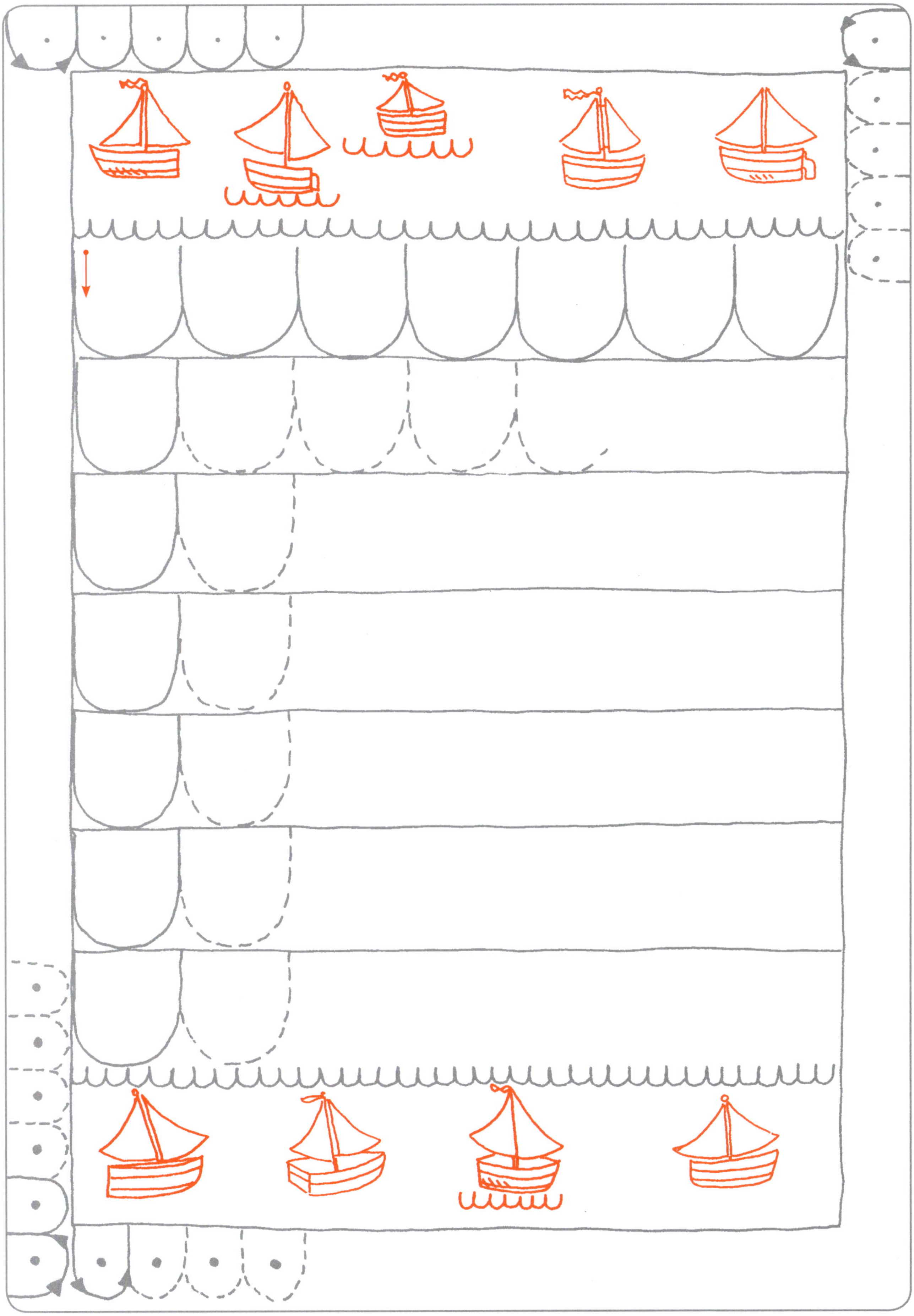

M m M m

O o O o

O O O O O O

O o o o O O o o

O O

o o

Oo Oo

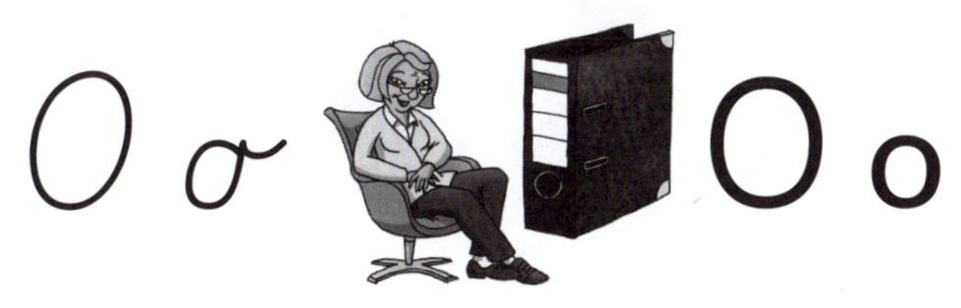

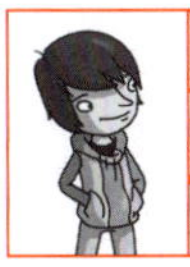 Mo Mo

Momo

Momo

Momo

1.
2.
3.

a a a a a a a

1. 2.

a a

a a

am am

am

am

Mama Mama

Mama

Oma Oma

Oma

J i I i

Mia

Mia

Mami

Mami

Omi

Omi

T 𝒯 T t

mit

mit

Timo

Timo

➲ Seite 55

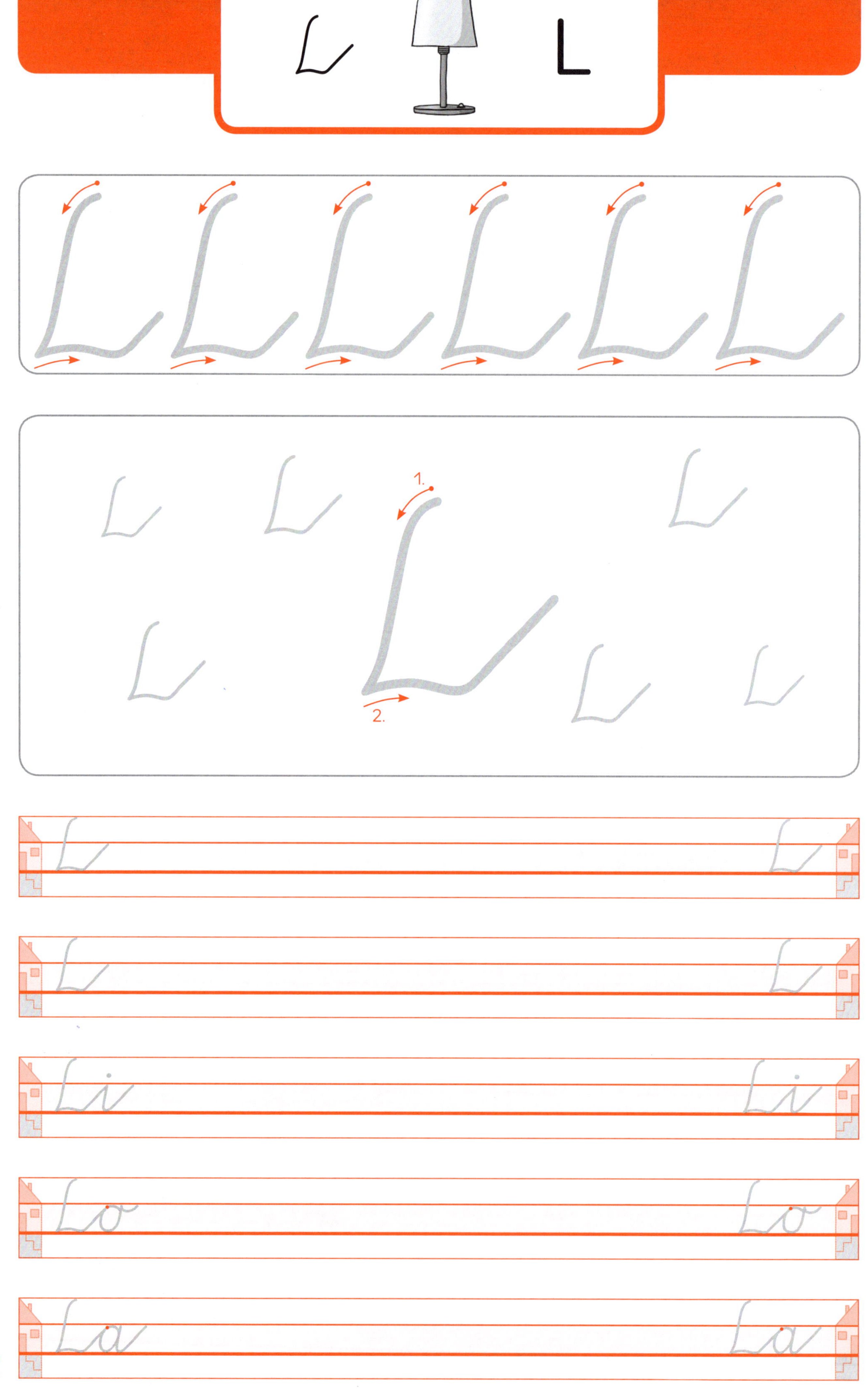
L
L
1.
2.
Li
Lo
La

l
l
1.
l
li
la
lila
lila
lila
Mia malt.
Mia malt.
Mia malt.
Timo malt.
Timo malt.

S S

Salat

Salat

Salami

Salami

1. 2.

1. 2.

so so

ist

ist

Lisa

Lisa

Ananas

Ananas

Ast

Ast

Ee Ee

➲ Seite 55

N n N n

Lina Nest Nase Ente

Lina Nest Nase Ente

P p P p

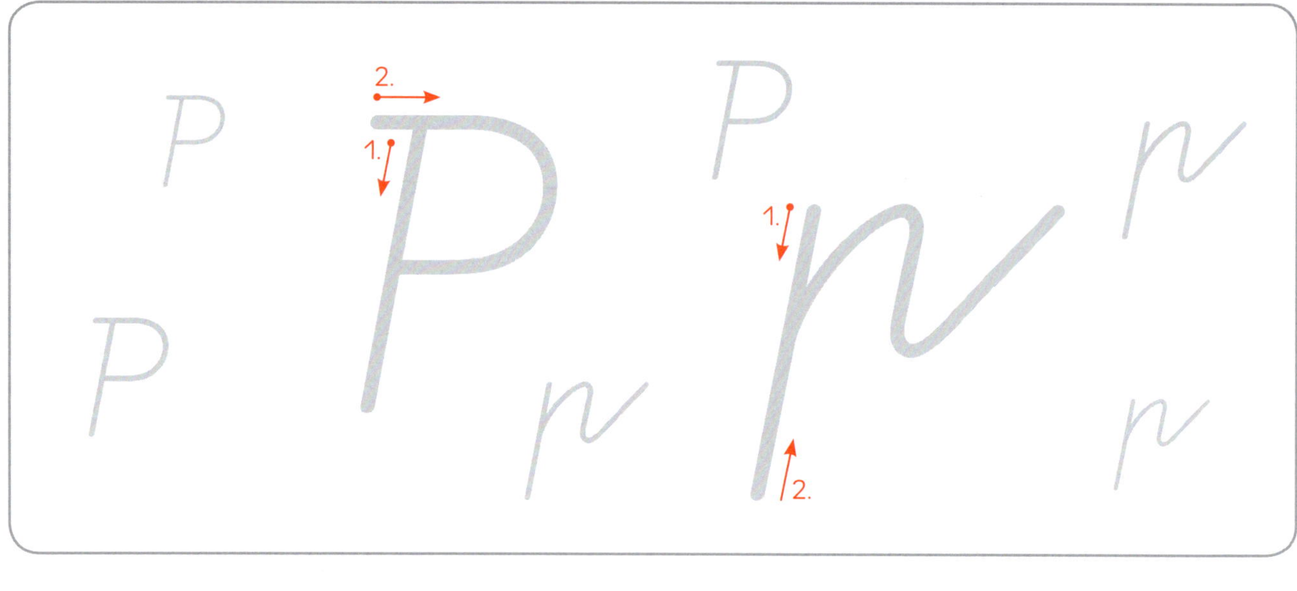

Papa

Opa

Pinsel

Ampel

U u

Umut

um

muss

WIEDERHOLEN UND VERTIEFEN

Timo mit Mia

Opa im Sessel

Milan malt Enten.

Umut malt Tomaten.

Elena malt Papa.

Lisa malt Ananas.

Momo malt Opa.

Lina malt mit.

F f

Foto

Sofa

Telefon

Tafel

➲ Seite 55

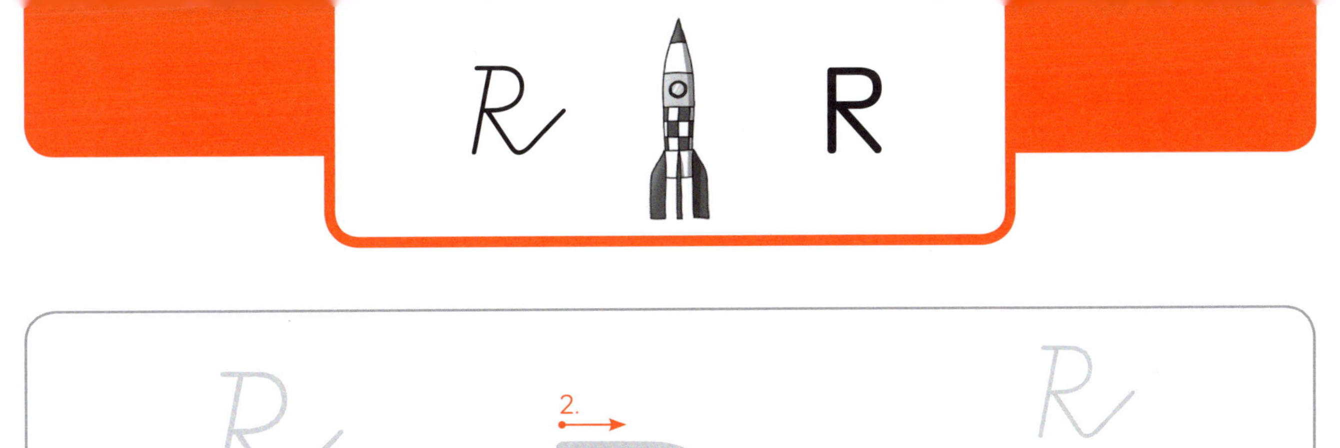

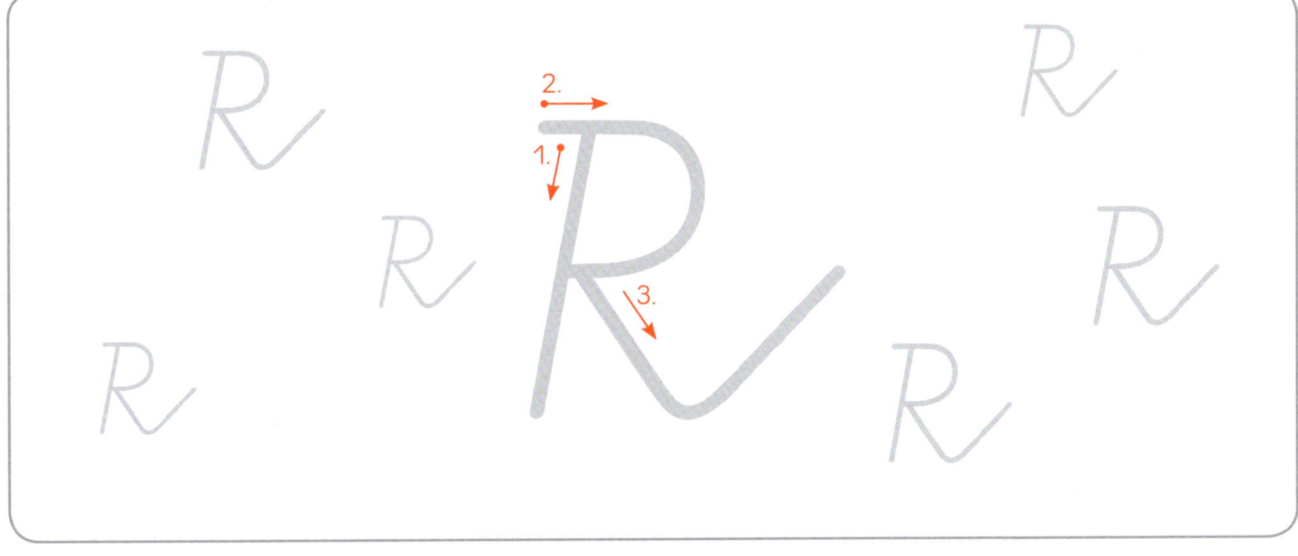

Rose

Rose

Rosen

Rosen

Roller

Roller

Ritter

Ritter

r r
1.
2.
r
rot
rufen
turnen
lernen
Messer Messer
Fenster Fenster

➲ Seite 55

Ei ei
Ei ei

Ei
Ei
ei
1.
3.
2.
Ei
3.
2.
1.
ei
Ei
ei
ei

Ei
Ei
ei
ei
ein
ein
ein

Eis
Eis
Eis
Eimer
Eimer
Eimer
Seil
Seil
Seil

H H

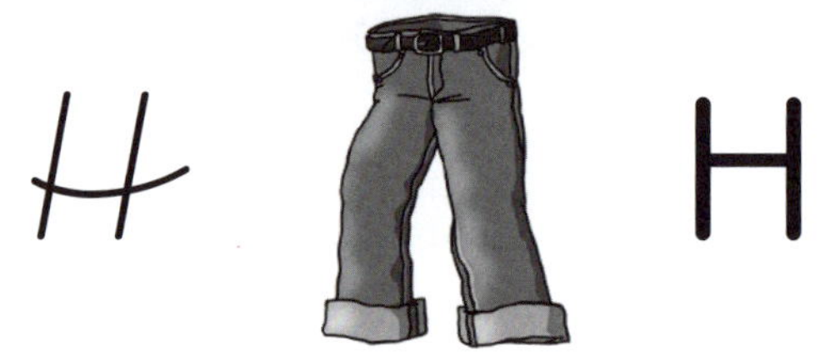

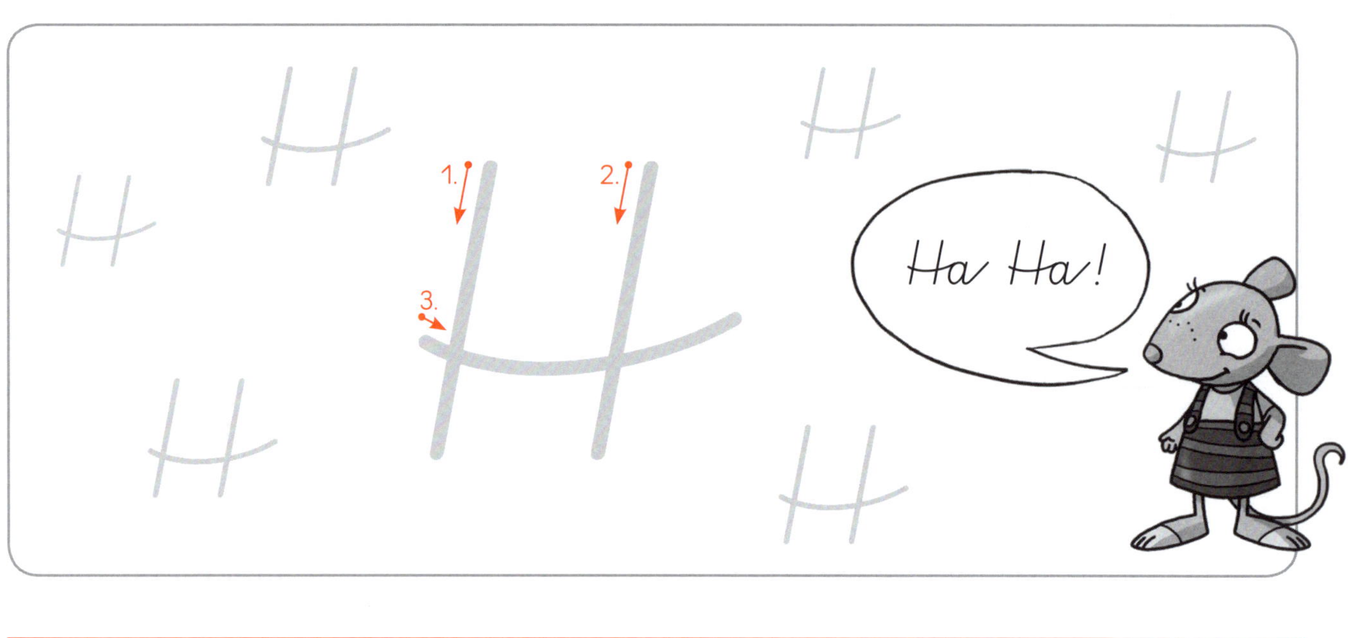

Hose — Hose

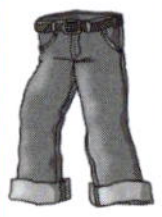

Heft — Heft

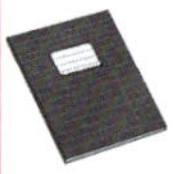

Helm — Helm

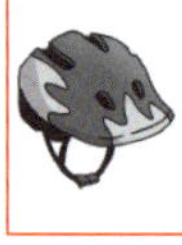

Hals — Hals

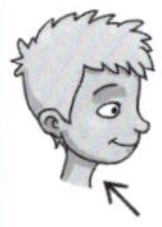

Hase — Hase

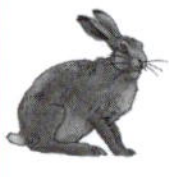

h h

D d D d

Dino

Dino

Dose

Dose

➲ Seite 55

Au au

Au
au
Au
1.
2.
3.
4.
5.
Au
au
Au
au
au
Au
Au
au
au
Auto
Auto
auf
auf
Maus
Maus
Haus
Haus

ie ie

ie ie

die

sie

niesen

die

die

Sch sch Sch sch

Sch

sch

Schule

Schule

Fisch

Fisch

schlafen

schlafen

schneiden

schneiden

Seite 55

WIEDERHOLEN UND VERTIEFEN

WIEDERHOLEN UND VERTIEFEN

Das ist Umut.

Umut hat eine Tasche.

Das ist Emira.

Emira hat eine Schere.

Die Schere ist scharf.

Das sind Leo und Lina.

Leo und Lina schlafen.

Sie schlafen so tief.

K k K k

Koffer

Kette

Paket

kaufen

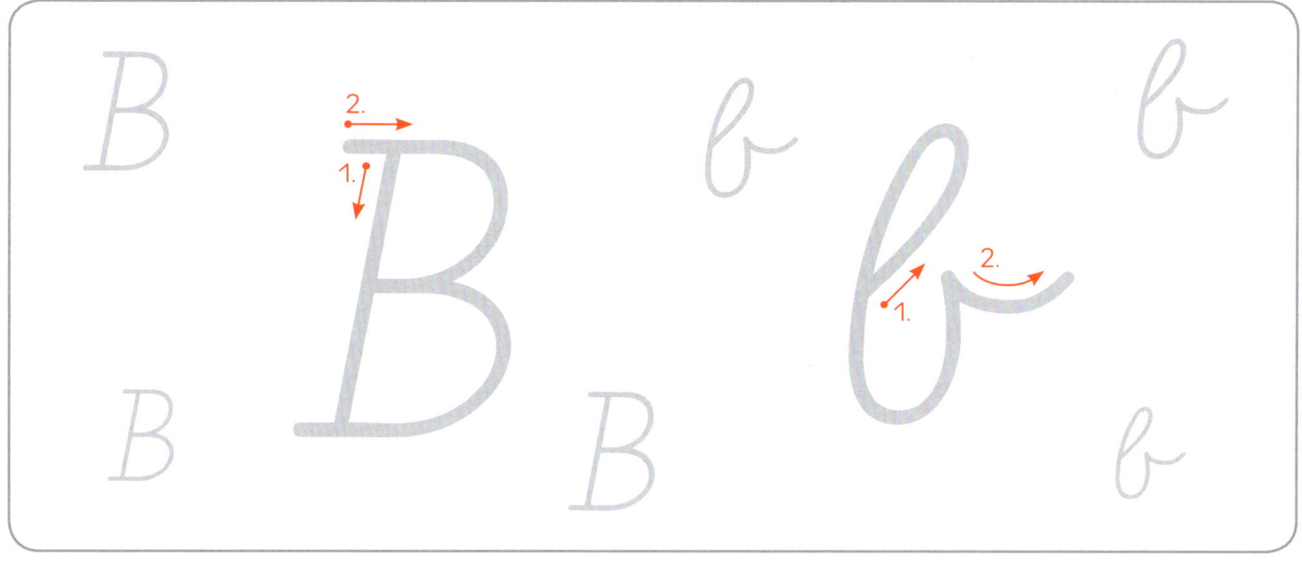

Bus

Bett

Ball

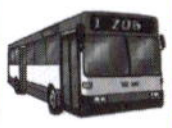

blau

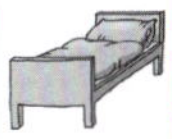

➲ Seite 55

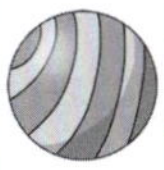

Ch ch Ch ch

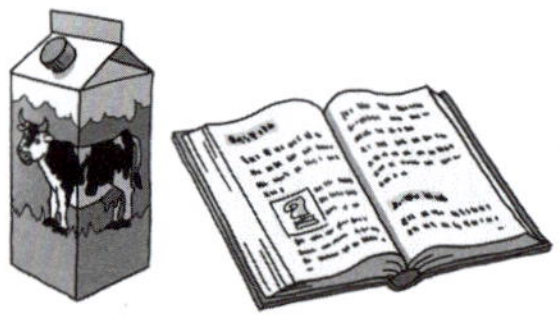

Ch Ch

ch ch

Buch — Buch

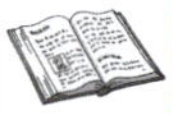

Buch

Milch — Milch

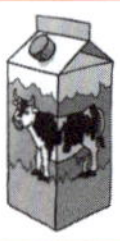

Milch

ich — ich

ich

lachen — lachen

lachen

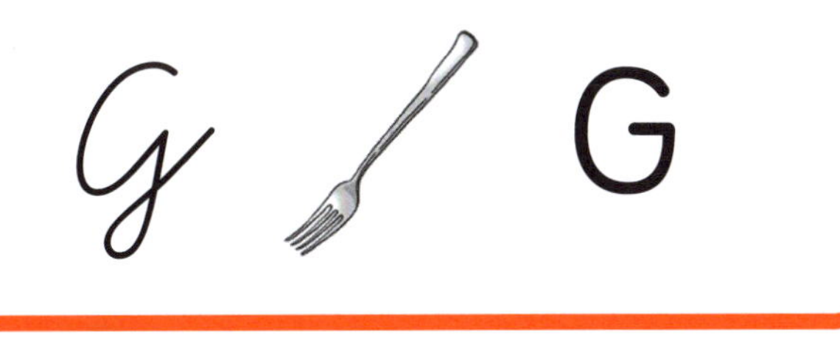

G G

1.

2.

G G G G G G

G G

G G

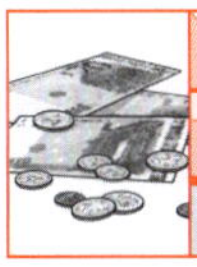 Geld

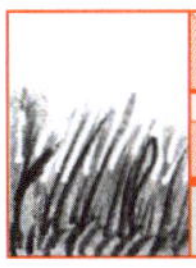 Gras

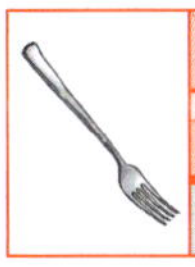 Gabel

Gabel	*Gabel*	Gras	*Gras*	Geld	*Geld*

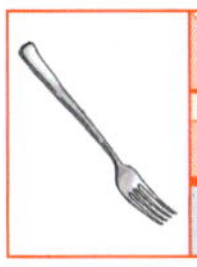 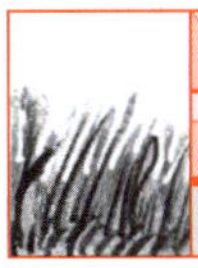 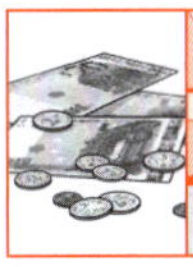

g 1. 2.

g

gehen

gelb

gern

Kugel

Kugel

Kugel

Bagger

Bagger

Bagger

➲ Seite 55

W w  W w

Z z Z z

Zitrone Zitrone

Zwiebel Zwiebel

Pilz Pilz

zwei zwei

WIEDERHOLEN UND VERTIEFEN

WIEDERHOLEN UND VERTIEFEN

Mia macht Krach.

Momo rechnet gut.

Timo lacht gern.

Leo ist auf dem Baum.

Was ist mit Lina los?

Wo kann Lina sein?

Lina ist nun oben

auf dem Paket.

Pf pf

Pf

pf

Pferd

Pfote

Apfel

Kopf

Topf

pfeifen

Seite 56

Eu eu Eu eu

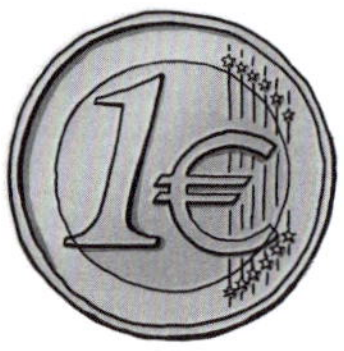

Eu Eu

eu eu

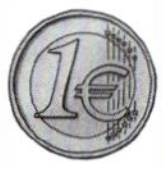

Euro

Europa

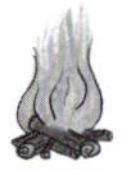

Feuer

neu

freu

feuer

Seite 56

Qu qu Qu qu

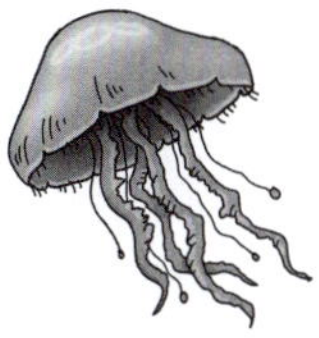

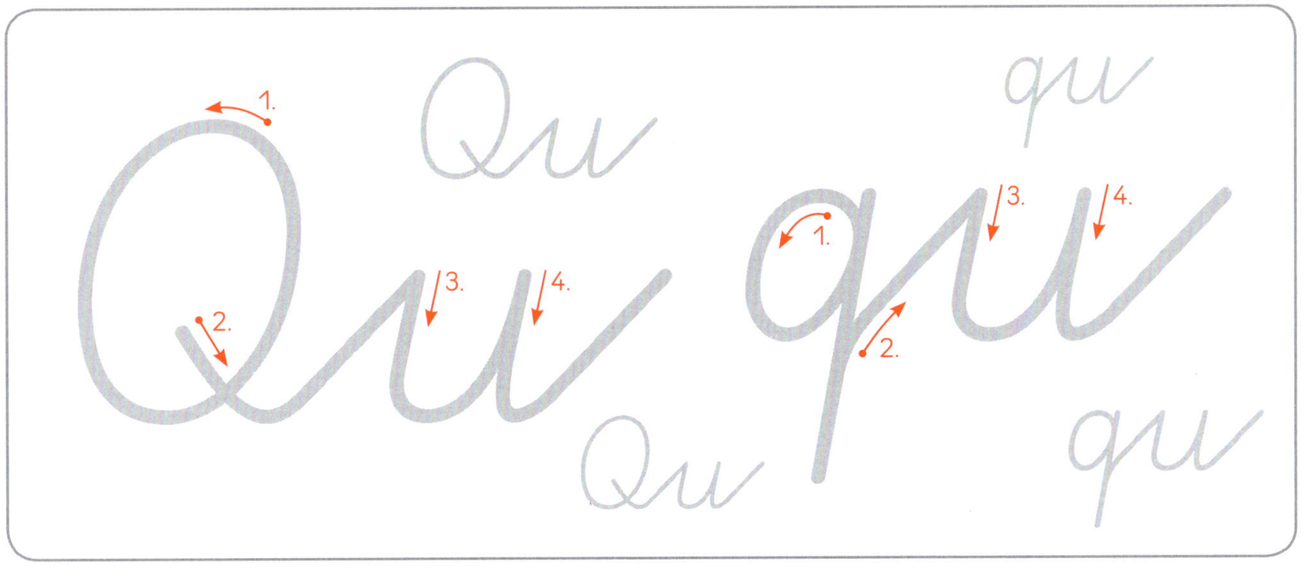

Mein Freund isst Quark.

Timo quatscht gern.

Lisa mag keine Quallen.

J j Jj

Seite 56

V V v v

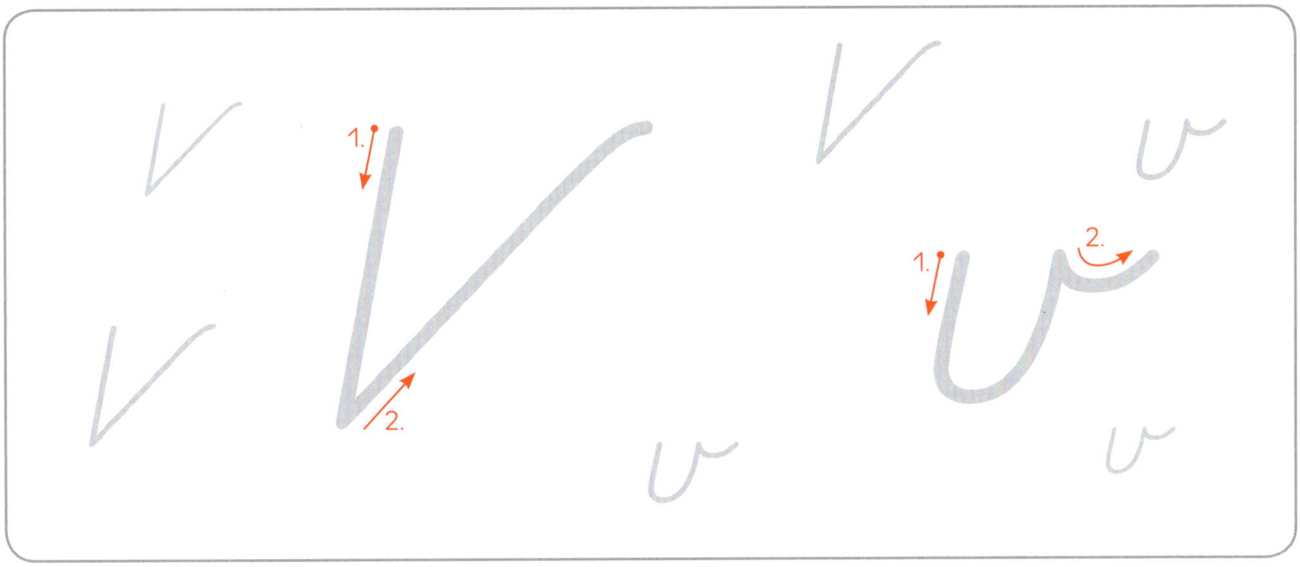

1. 2.

Vogel

Vampir

Kurve

4 vier

Klavier

4

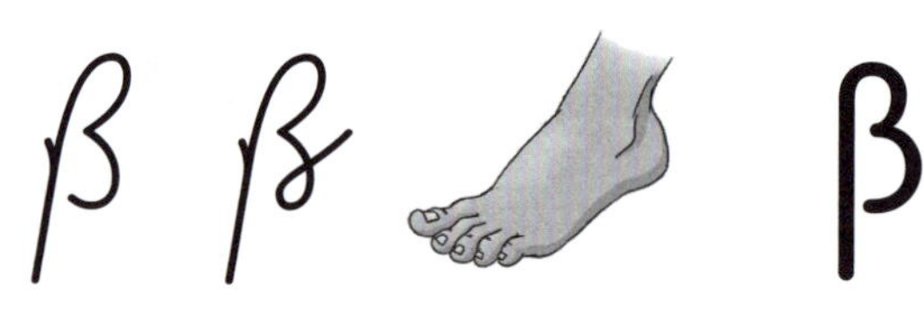

ß

Fuß

groß

draußen

heißen schießen gießen heißt schießt gießt

heißen | er

er

er

➲ Seite 56

Ää Öö Üü

Ää Öö Üü

Sp sp Sp sp

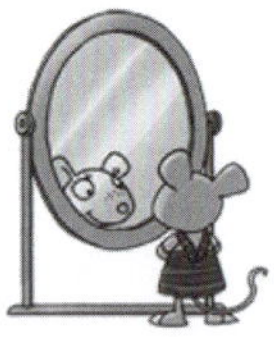

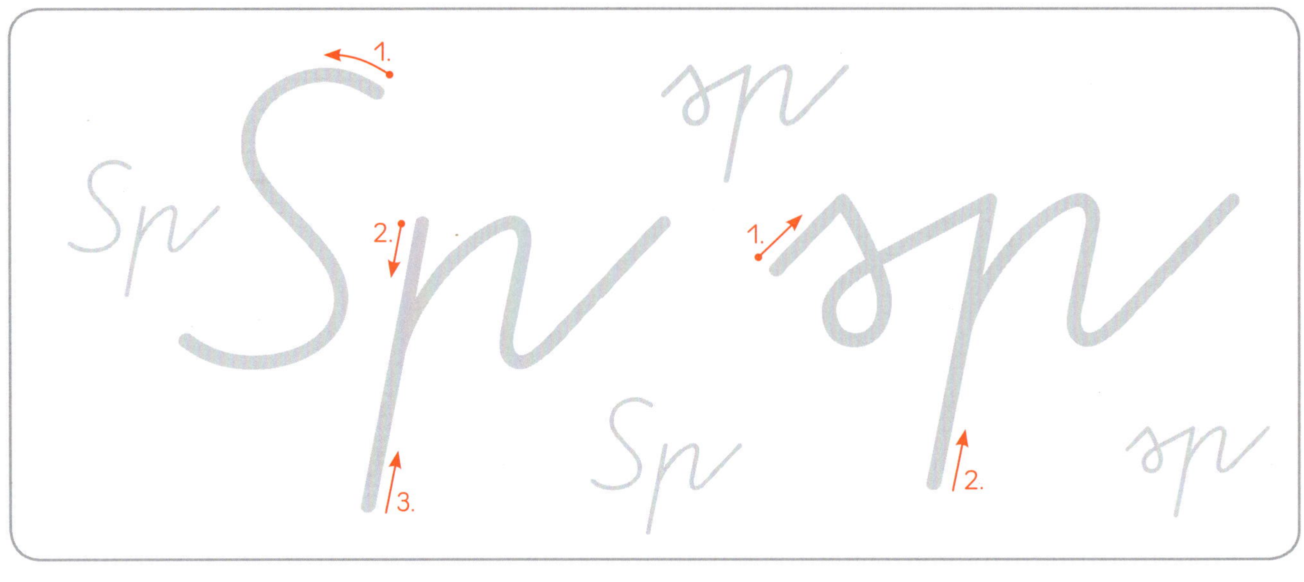

Sp Sp

sp sp

Spinat

spielen

spülen sparen springen spült spart springt

spülen | sie

sie

sie

Seite 56

St st

Seite 56

1. 2. 1. 2. 3.

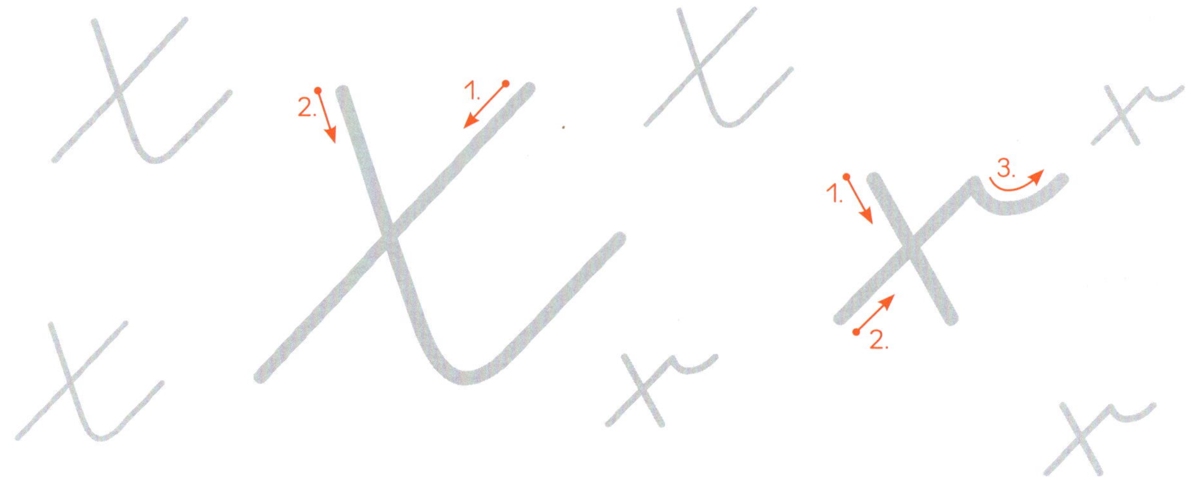

Hexe

hexen

Die Hexe Xenia will hexen.

Sie holt das Hexenbuch.

Die Hexe Xenia hext fix ein Taxi herbei.

Y y Y y

Milan hat ein Handy.

Emira möchte ein Pony.

Lisa spielt gern mit ihrem Teddy und auf dem Xylophon.

C c C c

C

c

Computer

Comic

Der Clown möchte eine Cola.

Sie kostet nur neunzig Cent.

Das findet der Clown cool und kauft noch Comics.

ABSCHREIBEN

Zu Seite 11

Mama mit Oma
Timo mit Mama
Mia mit Omi
Momo mit Timo

Zu Seite 16

Mia malt Timo am See.
Timo malt mit.
Timo malt alles lila.
Leo malt Esel am See.

Zu Seite 22

Umut muss ans Telefon.
Ist Papa am Telefon?
Es ist Tante Fatima.
Tante Fatima ist nett.

Zu Seite 24

Elena ruft Natalia.
Natalia soll turnen.
Timo ist im Tor.
Er ruft Milan.

Zu Seite 28

Umut ist Indianer.
Er hat eine tolle Feder
in der Hand.
Da ist Milan!
Hallo, Milan!

Zu Seite 31

Alles Unsinn:
In der Schule
soll man fest schlafen.
Im Auto
ist eine tolle Dusche.

Zu Seite 35

Mia bekommt
ein kleines Paket.
Darin ist eine Kette.
Milan bekommt
einen bunten Ball.
Mama bekommt
ein tolles blaues Kleid.

Zu Seite 37/38

Alle sind gern im Garten.
Sie liegen im Gras.
Es ist so warm.
Doch nun wird
der Himmel grau.
Es gibt Regen!
Alle gehen schnell ins Haus.

Zu Seite 43

Matteo kann gut reiten.
Er hat ein eigenes Pferd.
Dilara kann gut
Eier in der Pfanne braten.
Umut kann gut pfeifen.
Er pfeift oft
auf zwei Fingern.

Zu Seite 44

Das Feuer leuchtet hell.
Die Eule ist auf dem Baum.
Mein Freund ist nett.
Er hilft mir immer.
In der neuen Schule
habe ich schon
einige neue Freunde gefunden.

Zu Seite 46

Jeder mag Jogurt.
Jule mag am liebsten
Jogurt mit Erdbeeren.
Mia isst lieber
Jogurt mit Kirschen.
Jonas mag Jogurt
mit Ananas sehr gern.

Zu Seite 48

Die Jungen sind draußen.
Sie schießen den Ball
auf der Wiese hin und her.
Da kommt ein großer Junge.
Er schießt den Ball
in einen Teich.
Nun sind alle sauer.

Zu Seite 50

Schreibe in Schreibschrift!

Die Mädchen sind im Garten.
Sie springen Seil.
Die Jungen spielen Fußball.
Nun sollen die Mädchen
alle mitmachen.
Dilara ist toll!
Sie spielt fast wie ein Profi.
Das macht Spaß.

Zu Seite 51

Schreibe in Schreibschrift!

Milans Vater streicht.
Er streicht den alten Zaun.
Der Farbtopf steht
auf der Leiter.
Steht er dort sicher? Nein.
Milans Vater stellt den Topf
lieber auf den Boden.
Dann wirft Milan den Topf um.